MADRID, LÍNEA 6

MADRID, LÍNEA 6

PILAR BRAVO DE LALLANA

Valparaíso
EDICIONES

Número 549 de la Colección VALPARAÍSO DE POESÍA
dirigida por FEDERICO DÍAZ-GRANADOS

Diseño de colección y portada: Chari Nogales

Primera edición: febrero de 2026

© Valparaíso Ediciones
  C/ Fray Leopoldo, 7 bajo, 18014 Granada
  www.valparaisoediciones.es

  ISBN: 979-13-88007-29-3
  Depósito Legal: GR 52-2026

  Impreso en España - *Printed in Spain*
  Gráficas Gami

MADRID, LÍNEA 6

...ten, en esta garrafa
hay agua limpia, por si toma moho
la del corazón.
OLVIDO GARCÍA VALDÉS

MAÑANA

Sonará la alarma,
la apagarás.
Sonará la alarma,
blindarás los ojos,
negarás el comienzo del día
por unos minutos de gracia.
Sonará la alarma,
te vestirás con prisa,
tomarás el negro abrigo de la silla,
tal y como lo dejaste ayer.

El café se vierte oscuro y lento.
El silencio es un bostezo contenido.
La luz molesta a los ojos.
El pensamiento es lanoso.
Madrid aún duerme bajo este 9ºD
y su vista de pájaro.

Del tren solo quedan los faros traseros,
esa lengua larga y naranja,
naranja hasta reventar
para mis ojos miopes, que se resquebrajan.
Entonces no hay visión a largo plazo:
no hay más que presente.
Y es de agua, sal y ácido.

Aquel conductor de metro,
astronauta de una noche infinita,
homúnculo en el metal,
que atraviesa las tripas de la ciudad
a solas:
¿qué hará, mientras tanto?
Escuchará, ¿qué tipo de música?
Pensará, ¿en qué ideas o recuerdos?
Imaginará, ¿qué odiseas imposibles?

La ciudad invisible, Madrid,
la que se despliega sobre el mapa multicolor
de las líneas del metro,
como un pasatiempo de aquellos
en los que tienes que deshacer un nudo,
tomar el extremo de un hilo,
descubrir dónde termina:
se trazan muy rectas y firmes, las vías,
en una piadosa mentira para el visitante.

Un saxofonista
con aspecto de acordeonista,
el cansancio cosido a una sombra
que lo reclina al andar,
se cuela en el vagón del metro,
que es de los modernos,
de los que nunca acaban.
Y toca el saxo.
Y su música cae como un ovillo
que se va desenrollando,
hecha de melancolía
cada nota, cada desatino.
Y es parte de esa melodía,
algo manida y sin nombre,
también su paso a mi lado,
pidiendo los euros,
          los euros,
los euros de siempre.

Una señora en el metro
con sobrepeso que equilibra
sobre tacones de aguja,
y el pelo teñido de un rubio
que arde por reacción química.
Viste ceñida en fucsia
un vestido de otros tiempos:
de grandes flores, revolución sexual,
optimismo.
Podría tener menos edad de la que aparenta.
Y, sin embargo, cuando se me acerca,
respira como un animal de carreras:
no puede ocultarlo.
Tampoco su hábito de resolver crucigramas
en una revista arrugada, amarillenta.

El tiempo es, en sí mismo,
mera sensación.
A veces pienso que es
como coger el metro en una gran ciudad.
Madrid, por ejemplo:
materia oscura
a ratos resplandeciente.

La anciana me detiene,
con un gesto brusco:
me agradece, febril,
un asiento de apenas dos o tres minutos,
de no más de una o dos paradas.
Su agradecimiento me calma
para el resto de la jornada.

Esa anciana, a la salida del metro,
tan doblada sobre sí misma,
era un cuerpo aparte:
la pieza desgastada
de un confuso, ruidoso puzle.

Tres bolsas, colgajos negros,
el portátil entre ellos:
se trenzan, camino al trabajo,
como cadenas de poliéster,
como grilletes medievales,
como atavíos fantasmales.

En el centro de la constelación polar,
de esas cuatro torres del Madrid de traje,
inglés C2, *Excel*-ente,
ahí mismo, estrella principal:
Simeón,
con sus 37 años de penitencia,
hasta la jubilación.

Con letra pequeña y entrelíneas,
escrita por el más minucioso artesano,
rige la ley de la utilidad marginal decreciente
(*increasing marginal disutility,*
with life fastened to its throne).
Gráfica profecía
de alguien triste, muy triste.

Primero, el perfil, dorado:
deseo de Midas.
Luego, poco a poco,
hasta el corazón:
se adentra en el otoño,
después será invierno.
Condena de Midas:
no hay diferencia con la muerte.
Por algo el ciclo se repite
de generación en generación.

TARDE

Llega marzo, abril.
Veo a la misma gente por el parque,
unos apurados, otros tumbados;
unos leen o charlan,
otros comen cualquier cosa
rápido, a la sombra,
siempre a la sombra.
Observo árboles de hoja perenne;
otros, caduca. Desnudos,
solo unos pocos dan flor antes que hojas.

Pensar la vida es algo así
como buscar retazos
de sentido en el cielo:
pronto difusos,
después dispersos,
al poco perdidos.
Un entretenimiento.
O una necesidad
de los más ingenuos.

De los álamos cuelgan monedas de plata.
En vez de un tintineo,
se llevan el índice a los labios
y piden silencio.

Marcan los pasos: el suelo
gris, gris a cuadros,
sucesivo gris.
(Y, contra el azul del cielo,
la copa verde de un árbol,
un tragaluz ondeante y vivo
—me detengo).

Se deslizan por el pasillo las risas,
   como el deshielo en primaveras tardías,
      como un río alcanza tierras yermas,
quizá perdidas.

Alzar las manos al rostro
y rascarse los ojos,
reordenar un mechón de pelo suelto,
mordisquearse las uñas:
asegurarse de que una sigue aquí dentro,
al fondo de las horas.

A un par de metros de la ventana
y como en un cuadro de Hopper,
observo:
las sombras de un tendedero
donde cuelgan ropas invisibles,
pero que, contra el ladrillo,
se ceden a un viento de goma
que las intenta borrar, sin éxito.

Que el viento no se levante
en el arco de este pecho.
Que los cristales pesen,
pero que no se rompan.
No todos los días
puede sonar su música.

La ventana se abre al mes más largo,
a un junio alegre, que anuncia San Juan.
Oigo el tráfico, abajo,
las voces —esa luz.
Me recuerda a cuando era pequeña
y el misterio del mundo conversaba
tras una puerta entreabierta:
en el salón, en la cocina,
meciendo al sueño, poco a poco,
inescrutable.
Supongo que nada ha cambiado.
Que algunos, simplemente,
quedamos del otro lado.

Al cuarto de las impresoras
lo blinda una puerta de cristal
gris hielo:
ahora, a la luz del atardecer,
como si participase
de ese Madrid de gala, crepuscular,
se ve rosácea, cálida, de terciopelo.

Quieta, con la falsa serenidad
de una planta de interior,
soy toda trabajo, toda concentración,
mientras la noche se vierte
como si preguntase por mí.
Pero, en la soledad que marca
el curso del día,
no dejaré que me encuentre:
dentro de este cuerpo de niña,
y tras esta palidez enfermiza,
todo lo importante
       ¿me oyes?
¡Todo bulle de vida!

NOCHE

Ayer, a esta misma hora,
no era aún de noche.
Dicen que volverá la primavera.

A la salida del trabajo,
rumiando mis quejas,
cruza a mi lado una chica:
me es igual en estatura,
en color de pelo,
en mirada al suelo
y es probable que en edad.
Pero ella es un esqueleto,
la piel pegada a los huesos,
que mis ojos, de asombro,
hacen temblar...

Madrid es ciudad de paso,
dicen los tres a la vez,
asintiendo uno a uno,
como si la conclusión rebotara
de barbilla en barbilla.
Tras ellos: un anciano.
Es un anciano de boina y chaleco,
y camina solo, muy solo,
como si ni sus pensamientos
le hicieran compañía.
No hace ningún ruido,
como si fuera descalzo
o con zapatillas de andar por casa,
en un despiste.
No puedo verlo bien
a causa de la muralla de cervezas,
muralla de arena, arabesca,
muralla dorada y luminosa,
tras la cual mis tres amigos
sueñan la vida.

El tráfico marcha en todas las direcciones
como si no hubiera ninguna correcta.
Se escuchan los motores, las bocinas,
algún malentendido, algún insulto.
Van y vuelven, rompiendo el aire,
como mosquitos sin centro.
Sobre el ruido, hilo invisible,
la pregunta por cómo vivir.

Una tienda de barrio
cegada en pintura blanca
como ritos urbanos de ultratumba,
me recuerda que «No siempre se gana»,
en un grafiti naranja, sin firmar.

Busco a mi alrededor las palabras
que ya no encuentro dentro de mí.
Como las palomas cuando me aproximo,
huyen, no se fían
de que las deje decir lo que han venido a decir.
        ¿Cómo estás?
me preguntan por teléfono.
Yo me encojo dentro del abrigo,
meto las manos en los bolsillos
vacíos: no
        está todo bien.

Rostros escondidos entre los hombros,
caídos,
olvidados sus nombres:
pétalos que hurgan entre la basura,
aparecen y se van, lentamente,
hasta la próxima.

Aún se escuchan, al fondo,
esas risas infantiles.
Eran un grupo grande,
e iban en bici.
A mi lado,
esperando a que el semáforo
se ponga en verde,
un anciano intenta alcanzarlas
como si fuesen migas de pan.

La señora toma una bicicleta pública,
se atusa el recogido
y ríe,
ríe bien alto,
mientras su cuerpo recuerda
viejos veranos pasados en el pueblo.
Yo, en cambio, diría,
no sé si sigo siendo la niña que fui.
Algo hay de parecido.
Pero cuando imito sus gestos,
me mira de lejos
y niega,
fría,
despiadada:
> *Así no llegarás a nada.*

Cuando vuelvo del trabajo,
hace tiempo que es de noche.
Cansada,
dejo el maletín en cualquier silla,
el abrigo también,
y es solo entonces que pienso en ese ciego,
el de por la mañana.
Iba a coger el metro.
Las escaleras mecánicas que debían bajar,
entonces subían.
No sé si llegó a conocer
del cartel que lo avisaba.
Yo me detuve.
Pero no lo esperé.

Porque el agua,
cuando en movimiento,
se cubre blanca y pura,
pero yo, en la acción,
me destiño y me pierdo.

Esta náusea en el alma,
envejecida demasiado pronto,
como ropa maltratada
tras lavados abrasivos:
¿no te dijo tu madre
que hay cosas que es mejor lavar a mano?

Observo mis manos como si no fueran mías,
sino las de una anciana temblorosa.
Las líneas de la vida, del amor y del trabajo
se difuminan entre surcos pálidos
y un tacto rugoso.
En la escuela jugábamos a interpretarlas,
contando los años.
Ahora se enjabonan la una a la otra,
borrando del día sus restos.

Hablando de muchas cosas
que retornan al mismo punto;
en la noche que guardan
estas cuatro paredes;
escondidas entre sábanas
como cuando éramos niñas;
atendiendo a un sueño que no llega,
mi hermana mayor suspira:

> *No, nada tiene sentido.*
> *¿Por qué hago lo que hago*
> *y que hice mal en su día?*

Años que pasan y llegan
y piensas: otro más, otro menos,
no recuerdo cuándo fue,
no sé muy bien qué será,
pero ahora es esto y ahora lo demás.
No debe de haber acreedores,
porque entonces tanto despilfarro
sería ilegal.

Cuerpo, te negué tres veces.
La primera fue cuando te negué el sueño.
La segunda, cuando te negué el hambre.
La tercera, cuando te negué el amor.
Quién sabe si algún día
me atreveré a negarte la muerte.
Por ahora, tú, vencedor,
y yo, que no aprendo.

¿Dónde está la ilusión,
dónde se compra?
¿Cuál es la relación calidad/precio?
¿Qué cantidad es la idónea?

Me pesa el alma
como si la hubieran llenado de piedras.
¿Qué aspirina calma
su violenta resaca?
¿Dónde queda la costura
para vomitarla?

Hay en mí
un masoquista y un sádico.
El sádico tira hacia delante.
El masoquista,
como un perro entre arenas movedizas,
aúlla
pero no se defiende.

El viento sacude las persianas,
se infiltra, invernal y gélido,
en mis pulmones,
y yo siento cómo me hago
cada vez más gris, más sombra,
carboncillo, escarabajo.
Hay muertes menos dolorosas
que la muerte del alma
en vilo.

Laberinto sin salida.
Caos que se piensa a sí mismo.
Solitaria droga.
¿Gran ser humana?
No hay respuesta
no puede haberla.

En horas de la madrugada,
Madrid duerme un sueño profundo.
Es una coma en la urbe,
una toma de aire:
el cuerpo humano que exige reposo,
el cuerpo que dice «Ya basta por hoy».
En esas horas de la madrugada,
no hay universo, no hay mundo:
no hay ciudad.
No hay dolor.

MAÑANA

To the happy few

AGRADECIMIENTOS

No quisiera dejar pasar la oportunidad de dedicar unas breves palabras de agradecimiento a todos aquellos que han creído y apoyado el proyecto que ha sido *Madrid, línea 6*. Muchas gracias a Jaime y a mi familia. Gracias, también, a Daniel Franco, Bárbara Mingo, Izaskun Igoa y Roberto Valencia, por su confianza, sus consejos y su dedicación durante los Encuentros de Arte Joven de Navarra (2023), donde *Madrid, línea 6* resultó destacado en la categoría de literatura. Muchas gracias a mis compañeros, a Javier Yaniz, Lucho Sifuentes, Leire Ipas, Iosune de Goñi, Naia Carlos y Paula Lozano, cuya obra seguiré siempre con atención. Muchas gracias a Higinio Marín, por acceder a que su *Eva María* forme parte de este poemario. Muchas gracias, por último, a Fernando Valverde, por su llamada una tarde de tantas, en la biblioteca, en una mesa junto a una ventana.

ÍNDICE

NOCHE